COMO LOGRAR TUS METAS PERSONALES Y PROFESIONALES

CONSIGUE TUS OBJETIVOS A MEDIANO Y LARGO PLAZO, REALIZA TU PROYECTO DE VIDA, EJERCICIOS PRÁCTICOS EFECTIVOS

Jorge O. Chiesa

Derechos de autor 2019© Jorge O. Chiesa

Todos los derechos reservados. Ninguna parte de esta publicación puede ser reproducida o distribuida en ninguna forma ni por ningún medio, electrónico o mecánico, incluyendo fotocopias, grabaciones, o por ningún sistema de almacenamiento o recuperación de información, sin el consentimiento previo por escrito de los autores.

Primera Edición

Índice

Introducción *4*
¿Cómo fijar metas? *8*
    Formulando metas *13*
Tu plan de acción *17*
    Dejar ir el miedo *31*
    El miedo *38*
Metas de acondicionamiento físico *44*
    Logrando tus objetivos profesionales *55*
Conclusión: Tus metas de viaje *77*

Introducción

¿Cuántos objetivos incompletos tiene actualmente en su agenda? Si te pareces en algo a la gran mayoría de nosotros, entonces es probable que tengas cientos de proyectos que has comenzado y nunca has completado, innumerables metas que les has dicho a tus amigos pero que nunca has cumplido y todo tipo de sueños que cada vez son menos probables de concretarse.

Y es por esta razón, que usted puede encontrar a personas que ponen los ojos en blanco cuando les dice su `próximo gran proyecto'. Cuando usted comienza un nuevo programa de entrenamiento para perder peso y todos -incluido usted- saben que es probable que haya perdido interés para el segundo mes.

O cuando hablas de la aplicación que

quieres hacer, del sitio web o del proyecto empresarial.

O cuando hablas de ese viaje de ensueño a Japón...

Así son las cosas para muchos de nosotros. Trabajamos increíblemente duro en cosas que no nos apasionan sólo para poner comida en la mesa, pero cuando se trata de cumplir nuestros sueños, somos notablemente ineficaces.

Es hora de cambiar todo eso y empezar a hacer que esos objetivos se cumplan. ¿Pero cómo puedes darle la vuelta a todo esto?

Cumplir con las metas es cuestión de estrategia, es cuestión de hacer un cambio cognitivo para cambiar la forma en que se piensa y es cuestión de ser inteligente en la forma en que se aborda cada una de las metas. También se trata de saber cómo elegir sus metas e incluso cómo expresarlas.

Este libro le va a mostrar cómo hacer esos cambios. Aprenderá cómo elegir y escribir metas de manera efectiva, cómo escribir planes de acción efectivos y cómo asegurarse de que cumple con sus metas y nunca se da por vencido.

Pero este libro también va a ser un poco diferente a la mayoría de los tomos que establecen metas. Después de que le hayamos dado las amplias herramientas que necesita para empezar a establecer y alcanzar sus metas, vamos a ver cómo puede empezar a ponerlas en práctica.

Porque aunque una meta puede ser casi cualquier cosa, para muchos de nosotros va a caer en una de las pocas categorías diferentes. La mayoría de nosotros tenemos metas para nuestras relaciones, metas para nuestra forma física, metas para nuestras carreras y metas para viajar. Vamos a proporcionar no sólo las estrategias abstractas que usted necesita para empezar a hacer metas efectivas entonces, sino también los procesos paso a paso que le permitirán aplicar estas estrategias en cada una de estas áreas. Al final de este libro, usted será un experto en establecer y lograr cualquier meta. Y al mismo tiempo, tendrás poderosas estrategias para mejorar tus relaciones, tu estado físico, tu carrera y más.

¿Listo para cambiar tu vida?

¿Cómo fijar metas?

Aprender a fijar metas correctamente es posiblemente la habilidad más poderosa que se puede aprender. Por qué? Porque le permitirá alcanzar una amplia gama de otros objetivos. Cuando sabes cómo establecer metas, te permite trabajar efectivamente hacia cualquier cosa. Esta es la clave para desbloquear casi todo lo que podrías querer de la vida.

Así que irónicamente, el primer objetivo en el que debe centrarse es el de establecer objetivos.

Y hasta ahora, probablemente lo has estado haciendo todo mal....

> ***El problema con sus metas actuales***

¿Cómo puede un objetivo estar equivocado?

Claro, cualquier objetivo vale la pena, pero la manera en que usted expresa sus metas y las estructura, va a cambiar masivamente su probabilidad de encontrar el éxito.

Tomemos como ejemplo la pérdida de peso porque es una de las metas más sencillas y fáciles de implementar.

Cuando se propone perder peso, debe comenzar con una meta concreta. Y para la mayoría de la gente esto se parecerá a esto:

"Pierde 2 piedras para el año que viene"

Este es un objetivo terrible.

Por qué? En primer lugar, es demasiado vago. ¿Cómo está bajando de peso? ¿Peso de dónde? ¿Por qué quieres perder peso? ¿Qué es lo que realmente quieres que parezca?

Al mismo tiempo, está fuera de tu control. Incluso si usted está completamente comprometido con su meta, puede encontrar que las fuerzas externas le impiden tener éxito. Tal vez te enfermas, tal vez accidentalmente sigues el programa equivocado, tal vez resulta que tienes un mal metabolismo!

Por último, el objetivo está demasiado lejos en el futuro. Si su meta es perder peso para el próximo año, eso esencialmente le da una licencia para postergarlo. El objetivo está tan lejos, que te permites comer un poco en exceso o posponer el ejercicio por un tiempo y no te preocupes hasta el próximo mes.

Pasan 6 meses y te das cuenta de que estás más lejos de tu meta.

Y como es demasiado tarde, es probable que te des por vencido en este momento.

> ***Cómo se ven las buenas metas***

Entonces, ¿cómo es una buena meta? ¿Cómo podría expresar este mismo objetivo de una manera que aumente sus posibilidades de éxito?

Lo primero que hay que hacer es concentrarse en las cosas que están inmediatamente dentro de su control y que no están influenciadas por factores externos en absoluto. Estas metas deben ser cosas que usted puede lograr de una manera garantizada y que usted será calificado inmediatamente sobre la base de un pase fallido.

Así que, por ejemplo, en lugar de aspirar a perder 2 piedras para el año que viene, se usaría este objetivo:

"Haré ejercicio tres veces a la semana, cada semana, durante al menos 15 minutos"

Esa es una meta a la que puedes aspirar. Independientemente de su metabolismo, o de una lesión, o de cualquier otro factor externo, esta es una meta que usted puede lograr. También significa que usted no puede `aplazar' la meta y significa que nunca llegará a ese punto decepcionante en el que ya no puede tener ninguna oportunidad de completarla. En cualquier momento de su vida, no hay razón por la que no pueda proponerse alcanzar esta meta y esperar tener éxito.

Pero al concentrarse en este pequeño objetivo a corto plazo, descubrirá que el objetivo a largo plazo de perder peso se resuelve por sí solo.

Formulando metas

En primer lugar, usted necesita saber lo que quiere y asegurarse de que la meta que se está fijando a sí mismo le va a ayudar a conseguirlo. Necesitas que tus objetivos sean intrínsecamente motivadores y eso significa que tienes que sentirte verdaderamente apasionado por ellos. Es sólo siguiendo una meta que realmente te emociona, que encontrarás que tienes la energía y la motivación para seguir adelante.

Hacer ejercicio durante 15 minutos al día es una meta efectiva porque seguramente lo llevará más cerca de su meta más amplia de perder peso. Al mantener esa meta final en mente, usted debe tener una mejor oportunidad de mantenerse motivado para hacer ejercicio incluso cuando se sienta cansado, o cuando se sienta con poca voluntad.

Y usted no debería estar simplemente apuntando a'perder peso' tampoco. En su lugar, usted debería tener una visión más concreta de lo que esto implica. ¿Quieres ser más delgado? ¿Quieres ser más musculoso? ¿Por qué quieres esa cosa? ¿Es para que seas más atractiva para el sexo opuesto? ¿O porque quieres más energía? Sé honesto contigo mismo y escucha ese impulso interior que te está empujando hacia la meta que quieres alcanzar.

Si tu meta es ganar dinero, entonces trata de concentrarte en cuál es el gancho emocional que te hace querer ese dinero. Es probable que se reduzca a más que dinero en efectivo - tal vez es el estado que realmente quieres? ¿Poder? ¿Confianza? ¿Libertad? Sólo comprendiendo realmente la verdadera naturaleza de tus propios sueños puedes a) tomar el camino más rápido para realizarlos y b) mantener el impulso y la motivación que vas a necesitar para llegar allí.

¡Esto va a requerir un examen de conciencia!

Además, debe asegurarse de que los objetivos sean alcanzables y realistas y de que los haya desglosado en pasos lo suficientemente pequeños. Un ejemplo: nuestro objetivo para bajar de peso es hacer ejercicio durante 15 minutos al día. Eso es una pequeña cantidad, pero funciona porque es alcanzable y realista. Si usted hace que su meta sea más difícil, como hacer ejercicio durante una hora al día, entonces se va a dar cuenta de que se decepciona rápidamente cuando no encuentra el tiempo o la energía. Aplazará el ejercicio e inventará excusas. La mejor parte del entrenamiento de sólo 15 minutos es que una vez que empiezas, a menudo te encontrarás con que vas por más tiempo.

Pongámoslo de esta manera: ¡es mucho mejor tener una meta pequeña y fácil de alcanzar, que tener una meta masiva que cambie tu vida y que no puedas alcanzar!

Pero, por supuesto, si usted está haciendo su objetivo más pequeño, eso significa que le llevará más tiempo llegar al destino final que está buscando. Esto no es un problema: esto es sólo otra cosa que necesitas aceptar si quieres lograr algo. Las cosas que vale la pena tener toman tiempo. Da pequeños pasos firmes y disfruta del viaje.

Tu plan de acción

Ahora que conoces la base de lo que hace una gran meta, es el momento de empezar a construir este tipo de metas para ti mismo. En este capítulo, presentaremos algunas instrucciones sencillas que puede seguir para comenzar a poner en práctica estas ideas.

Más tarde aplicaremos esta misma fórmula a diferentes áreas de tu vida, para que puedas empezar a buscar un mejor cuerpo, un mejor salario y una mejor vida amorosa. Pero en cada caso, volveremos a aplicar esta misma estrategia.

> ### *La visualización*

El primer y más importante paso es visualizar lo que quieres y entender realmente lo que quieres. Ya lo hemos discutido un poco con respecto a enriquecerse. A menudo te darás cuenta de que no es el dinero lo que quieres, sino más bien lo que ese dinero representa en términos de tu estilo de vida o de tu estado.

Lo mismo sucede con el estar en forma. No es suficiente querer ser más delgado o más sano, necesitas entender tus propias motivaciones para querer eso. ¿Quieres sentirte más capacitado físicamente, quizás ser un atleta profesional? ¿Quiere prevenir el deterioro que muchos experimentan a medida que envejecen? ¿O quieres lucir increíble para que puedas tener más éxito con el sexo opuesto?

La mejor manera de tener una idea de lo que quieres de la vida en cualquier área es a menudo visualizar tu futuro. Eso significa cerrar los ojos y recordar tu futuro ideal. Dónde estás? ¿Qué aspecto tienes? ¿A qué te dedicas? ¿Con quién estás?

Imaginando tu futuro de esta manera

abstracta, podrás empezar a analizar lo que estás tratando de lograr y desde allí podrás empezar a ver los pasos más concretos que necesitas tomar para llegar allí.

Algunas otras estrategias que pueden ayudar con esto son:

- ✓ Mirando sus modelos de conducta y viendo lo que tienen en común
- ✓ Pensar en las cosas que te excitan, tus pasatiempos, las cosas de las que eres fan, etc.
- ✓ Pensar en la última vez que te sentiste verdaderamente feliz, o verdaderamente vivo.
- ✓ A partir de ahí, también es una buena idea pensar en la realidad real y visualizar cómo sería llegar allí y vivir esa vida. *¿Todavía lo quieres?*

Por ejemplo, es muy fácil querer ser una estrella de rock en teoría, pero puede que no te guste el estilo de vida real: significaría pasar gran parte de tu vida de gira, estar en el ojo público y probablemente luchando por formar una familia.

Es por eso que estamos pensando en abstracciones en este punto. Porque es posible que descubras que la realidad de ser una estrella de rock no es algo que realmente quieres, en cuyo caso vas a empezar de nuevo y aprovechar lo que fue ese estilo de vida que te atrajo. ¿Hay otras maneras de satisfacer las mismas metas emocionales? Si quieres ser reconocido por tu música, entonces puedes intentar tocar un instrumento en YouTube o Band Camp! Si sólo quieres ser un músico profesional, entonces podrías componer música para juegos de ordenador o vídeos.

Pero no todo tiene que ver con tu carrera: podrías encontrar fácilmente que estás contento con sólo tocar el timbre o hacer música en tu tiempo libre.

Llegar al núcleo de lo que quieres así también puede ayudarte a superar las probabilidades imposibles. Si quieres ser astronauta, por ejemplo, es posible que tengas que aceptar el hecho de que eres demasiado viejo y que ahora es poco probable que eso suceda. Pero pregúntate por qué eso te atrae a nivel emocional. Tal vez se deba a tu amor por el espacio, en cuyo caso podrías estar igualmente satisfecho siendo un astrónomo? Tal vez se deba a tu amor por la exploración y el descubrimiento, en cuyo caso podrías ser un explorador, o tal vez sólo un investigador.

> ***Evalúe su situación honesta y minuciosamente***

El siguiente paso crucial es evaluar su posición actual frente a la posición ideal que ha visualizado. Aquí es donde vas a analizar el abismo entre la vida real y el futuro de tus sueños y luego tratar de encontrar la mejor manera de salvar ese abismo.

Hacer una evaluación honesta de su situación actual es una manera muy importante de evaluar su posición actual y así tener una idea de sus fortalezas y debilidades.

Y, en particular, hay que pensar en qué ventajas tiene, qué redes, qué contactos y qué oportunidades. Usted puede sentir que no tiene ninguno, pero eso probablemente significa que no ha sido lo suficientemente minucioso. Como dice el refrán: no hay tal cosa como la falta de recursos, sólo una falta de ingenio.

Aquí también es donde vas a analizar qué tan probable es que sean tus metas y luego quizás reformularlas sobre esa base. Si usted ha visto que no es probable que se convierta en astronauta, entonces es hora de crear una meta más alcanzable, como convertirse en astrónomo.

Si tu objetivo es salir con mujeres increíblemente atractivas, entonces quizás sea el momento de reevaluar y al menos empezar a buscar mujeres que estén en un nivel similar al tuyo.

Su mantra para este paso es evaluar su situación honestamente y luego tomar el "camino de la menor resistencia". Usted está buscando el máximo beneficio del mínimo tiempo y trabajo.

> ***Formular un Plan***

Esto nos lleva al siguiente paso, que es formular un plan basado en su situación actual, dónde quiere estar y qué opciones tiene a su disposición.

Para perder peso o ponerse en forma, esto significa mirar, por ejemplo, los diferentes programas de entrenamiento. Sin embargo, al hacer una evaluación honesta de sí mismo y de su situación en el último paso, usted debería estar en una mejor posición para elegir un sistema que apele a sus fortalezas y debilidades particulares y que en realidad es probable que vea a través de él.

Mucha gente pagará por programas de entrenamiento caros que implican comer una dieta muy estricta y hacer ejercicio 10 veces a la semana durante una hora cada sesión. ¿Pero es eso realmente realista? Si has tratado de mantenerte en entrenamientos anteriores y has fallado, entonces la respuesta es probablemente no.

Cuando usted evalúa su situación actual, eso también significa evaluar dónde están las cosas cuando están equivocadas en el pasado y qué es lo que su estilo de vida y personalidad le permitirán.

Y sabiendo esto, usted puede entonces buscar un programa de entrenamiento o idear uno que funcione a su favor. Tal vez eso signifique encontrar una manera de encajar el CV en su rutina regular, o tal vez signifique seguir una dieta que le resulte agradable y conveniente.

Lo mismo ocurre con los planes de viaje y de carrera. Es hora de ser real y de sacar la cabeza de las nubes. Deja de soñar con viajar por el mundo y, en su lugar, piensa en cómo vas a viajar más a pesar de tus responsabilidades personales, limitaciones presupuestarias, etc. Deja de desear ser rico y empieza a pensar en cómo vas a subir la escalera en tu carrera para llegar allí.

Al hacer su plan, también es importante pensar fuera de la caja y rechazar las creencias generalmente aceptadas con respecto a lo que necesita hacer para lograr cada meta.

> **Rechazar la norma**

Porque sólo se nos enseña realmente una manera de conseguir lo que queremos y es progresar en nuestras carreras. Y es por eso que muchos de nosotros nos quedamos atascados. Decidimos que queremos ser ricos y por eso trabajamos más duro, en lugar de darnos cuenta de que podríamos ser más ricos con nuestros salarios actuales gastando menos y quizás encontrando un ingreso secundario. Creemos que la única manera de tener éxito en la música es seguir trabajando en nuestro trabajo diario para pagar por ello. Creemos que la única manera de viajar más es trabajar más duro y luego jubilarse temprano.

Pero los costos de la vida inevitablemente subirán para cubrir su salario, usted tendrá cada vez menos tiempo a medida que trabaje más y más duro y asuma más responsabilidad, y descubrirá que nunca hay un "buen momento" para lograr sus metas.

Así que en vez de eso necesitas tomar el camino menos transitado. Hay otras maneras de llegar a donde quieres estar y si estás golpeando tu cabeza contra la pared, entonces es hora de repensar esa estrategia.

No hay nada que te impida empezar un negocio en tu tiempo libre ahora mismo. No hay razón para que no puedas dejar tu trabajo y empezar a viajar mañana. Usted tiene las habilidades que necesita para comenzar a solicitar trabajos mejor pagados. *¿Qué te detiene?.*

> ➢ **Exprese sus metas en pequeños pasos**

Ahora que sabes lo que quieres lograr y cómo es que quieres llegar allí, lo vas a perfeccionar. Ahora ya conoces el "panorama general" y es hora de pensar en los pequeños detalles.

Sabes que quieres ponerte en forma, sabes que ir al gimnasio no es viable para ti y sabes que hacer ejercicio desde casa tiene mucho más sentido.

Así que todo lo que queda por hacer es expresar esto como una meta en la que usted puede concentrarse todos los días o semanas. *Por lo tanto:*

"Haré ejercicio por lo menos 15 minutos todos los días"

Tal vez has decidido que no estás tan

interesado en tonificar los músculos, pero quieres empezar por concentrarte en perder peso para que te veas mejor en un traje y te sientas con más energía. *En ese caso, su objetivo podría ser:*

- ✓ "Caminaré hacia y desde el trabajo todos los días que no llueva"
- ✓ No hay nada de malo en tener más de un objetivo, o en tener objetivos más detallados. Podrías asociar esto con un objetivo secundario, que podría ser:
- ✓ "No comeré nada de mi lista de alimentos a evitar".
- ✓ Concéntrese en estos pequeños pasos y acérquese a su meta poco a poco.
- ✓ De la misma manera, si quieres avanzar en tu carrera, entonces tu meta podría ser:
- ✓ "Aprovecha cada oportunidad que se presente para mejorar mi CV"

- ✓ O
- ✓ "Solicita un trabajo por la noche, tres veces a la semana"
- ✓ Algunas de sus metas más amplias van a tomar múltiples pasos. Por ejemplo, si su objetivo es convertirse en un músico famoso, entonces quizás debería seguir los siguientes pasos:
- ✓ Aprenda a tocar la guitarra pasando media hora cada noche, cuatro días a la semana.
- ✓ Ahorre $15 al día para invertir en equipo de estudio
- ✓ Salida 1 video a la semana para construir una audiencia
- ✓ Produce 2 videos a la semana para aumentar la audiencia
- ✓ Seguir produciendo 2 vídeos a la semana y dedicar 1 hora a la semana a actividades de autopromoción.
- ✓ Pasa 2 horas a la semana trabajando en un álbum para vender desde el canal

Es un proceso largo, pero también es una verdadera estrategia. Es una estrategia que necesitas para tener éxito. Representa un cambio cognitivo en el que ya no estás soñando despierto con ser una estrella de rock famosa, sino que estás buscando pasos concretos, realistas y alcanzables.

Y es entonces cuando empiezas a hacer un progreso real y real!

Dejar ir el miedo

Voy a ser honesto contigo ahora: hay una posibilidad de que ya lo sepas en el fondo.

Tiene sentido lógico que debas dar pasos pequeños y concretos para lograr tus objetivos en lugar de hacer planes bombásticos para "convertirte en una estrella de rock" o visiones abstractas como "enriquecerte".

Entonces, ¿qué te ha impedido hacer eso?

Dos cosas:

1) "Es mucho trabajo". Es mucho más fácil y satisfactorio soñar a lo grande y obtener la recompensa que viene de eso, en lugar de enfrentarse a la realidad de la molienda hacia sus metas. Hablaremos de esto más adelante en el libro cuando discutamos cómo mantenernos motivados y mantenernos firmes en nuestras metas aún cuando las cosas se pongan difíciles. Luego está la cuestión de sentir que no es el momento adecuado: usted deja las cosas para más tarde en vez de buscar otro trabajo. De nuevo, esto sólo necesita un poco de combustible para cohetes, que veremos más adelante.

2) "Tengo miedo". Esto es lo que veo tan a menudo y lo que condena a muchos de nosotros a un estilo de vida aburrido y poco excitante. No queremos dar ese salto y salir a la calle. Y de hecho, es más fácil imaginarnos a nosotros mismos como muy exitosos y pretender que vamos a llegar a ello, que arriesgarnos a que nuestro ego se rompa cuando las cosas no salen como queremos.

Estamos a punto de abordar esa segunda cuestión. Porque si quieres tener éxito, entonces no es bueno seguir postergando o tratando de posponer ese salto.

¿Cómo saber si está retrasando las cosas?

Algunos ejemplos de aplazamiento incluyen:

Pasar mucho tiempo leyendo libros e investigando el tema en lugar de ponerse a la acción. Veo esto como una tonelada cuando se trata de metas de acondicionamiento físico. Mucha gente pasará incontables horas leyendo libros y blogs en programas de fitness, contratando consultores y comprando kits de gimnasia. ¿Pero lo único que nunca hacen?, es comenzar a hacer ejercicios de verdad!. No hay nada de malo en investigar sobre la salud y el estado físico, por supuesto. De hecho, hay que aplaudirlo. El problema es cuando usas esto como una excusa conveniente para no entrenar realmente. La realidad es que cualquier programa de entrenamiento es mejor que nada. Si quieres empezar a ponerte en forma - si realmente tienes alguna posibilidad de éxito - entonces deberías empezar a hacer press ups y pull ups ahora mismo. Simplemente no hay razón para no hacerlo. Usted puede mejorar su rutina con el tiempo, pero debe comenzar AHORA.

Trabajar en proyectos y nunca terminarlos. Trabajo como desarrollador de aplicaciones y he lanzado dos aplicaciones muy exitosas en mi vida que, en conjunto, me han permitido ganar unos 90.000 dólares. No son cantidades que cambien mi vida en el transcurso de unos pocos años, pero sí lo suficiente para que mi vida sea un poco más cómoda, especialmente porque siguen ganando dinero mientras trabajo en mi trabajo regular. Como resultado de esto, a menudo se me acercan personas que me dicen que también están planeando lanzar una aplicación con éxito. Luego trabajan en ello durante tres años y nunca lo publican. ¿La diferencia entre ellos y yo? Liberé mi aplicación cuando era un MVP - minimum viable product. A esto se le llama el "enfoque rápido de fallar" y hablaremos de ello más adelante. El punto es, sin embargo, que yo me puse ahí fuera mientras ellos ponían excusas. El perfeccionismo es a menudo sólo una táctica de retraso. Evalúese a sí mismo!

Afirmar que el momento no es el adecuado. Hemos tratado este tema brevemente, pero sólo para recapitular: nunca es el momento adecuado. ¿No estás viajando ahora porque el dinero no es bueno? Claro, ahorra algo de dinero, pero para entonces probablemente estarás en un momento emocionante de tu carrera y no querrás tomarte un descanso. Entonces tendrás un compañero y no querrás dejarlos. Entonces tendrás un hijo. Nunca hay un buen momento para empezar una relación, casarse, tener hijos, viajar, empezar un negocio. Lo haces de todos modos. ¿Y si te preocupa lo que digan los demás? Luego siga el consejo de "pedir perdón, no permiso". Hazlo y preocúpate de las consecuencias más tarde. Si realmente significa tanto para ti, entonces es la única opción que tienes.

Ignorar tu propia insatisfacción. ¿Conoces a alguien en tu vida que claramente quiera estar en una relación y que ignore este hecho al lanzarse a su carrera? Cada en los medios de comunicación social es acerca de lo emocionados que están con su nuevo trabajo, o con sus viajes. ¿Pero sospechas que en realidad, sólo desean tener a alguien con quien volver a casa? En este caso, están tratando de encubrir una de las áreas que les faltan en sus vidas centrándose en la otra. ¿Qué pasa con las personas que afirman que son felices sin perseguir la carrera de sus sueños porque tienen una familia? Claro, eso es genial... pero ¿por qué no ir por ambos? Y así podrá inspirar a sus hijos con su inspiradora historia? No cometas este error porque necesitas estar satisfecho en cada área de tu vida si vas a ser verdaderamente feliz.

El miedo

Si todavía no puedes superar estos bloqueos psicológicos, entonces es el momento de emplear una técnica conocida como "ajuste de miedo" que fue descrita por Tim Ferriss en su libro: *"La semana laboral de cuatro horas".*

La idea aquí es simple: vas a escribir todas las cosas que te frenan y todas las cosas de las que tienes miedo y luego vas a presentar contraargumentos, planes de contingencia y más para eliminar esos temores.

Así que tómese un momento para pensar en sus metas y sueños y luego escriba todas las cosas que desea lograr. Escriba esas metas y los pasos que necesita dar como lo discutimos en el último capítulo y luego piense en dar ese primer paso ahora mismo. ¿Qué te detiene? ¿Cuáles son tus miedos? Sea honesto y minucioso y asegúrese de incluir todas las preocupaciones posibles.

Digamos que quieres empezar tu propio negocio. *Aquí están sus miedos y preocupaciones:*

- No tienes el dinero.
- Pedir un préstamo puede ser imprudente y dejarlo en una deuda seria si el negocio no es un éxito.
- Su pareja podría ver su inversión como irresponsable y conducir a problemas en la relación.
- Usted podría perder su trabajo y encontrarse sin ingresos estables.
- Es posible que no pueda encontrar trabajo en el futuro y eso podría llevar a su familia a pasar hambre y a que usted pierda su casa.
- Su negocio puede ser un fracaso y hacer que usted también parezca un fracaso.

Ahora repasa cada una de estas objeciones y trata la probabilidad de que ocurran en realidad y cómo puedes tratarlas o prevenirlas.

Por ejemplo:

No tienes el dinero.

Pedir un préstamo puede ser imprudente y dejarlo en una deuda seria si el negocio no es un éxito.

- Considere un préstamo de PayPal, este es un préstamo que usted paga sólo a través de los ingresos de PayPal, lo que significa que no deberá nada hasta que empiece a ganar.
- Pruebe Kickstarter
- Bootstrap su negocio - diseñarlo de una manera que le permita comenzar el negocio por menos dinero.
- Considere pedirle a los padres un préstamo comercial

- Buscar un socio de negocios con capital para invertir

Su pareja podría ver su inversión como irresponsable y conducir a problemas en la relación.

- Es más probable que su pareja le apoye en sus ambiciones.
- Si utiliza los métodos anteriores, puede demostrar que ha sido sensato y ha tomado todas las precauciones necesarias
- Incluso puede contratar un seguro de empresa
- Su pareja podría incluso ayudarle a obtener ingresos adicionales para apoyar sus metas.
- Tener un fondo para los días de lluvia
- Explíqueles los riesgos y por qué es importante para usted.

Usted podría perder su trabajo y encontrarse sin ingresos estables.

Es posible que no pueda encontrar

trabajo en el futuro y eso podría llevar a su familia a pasar hambre y a que usted pierda su casa.

- En la mayoría de los casos, usted encontrará que su empleador le ofrecerá su trabajo de vuelta si lo necesita.
- Como mínimo, probablemente pueda encontrar trabajo de bajo nivel para financiar su supervivencia.
- Incluso si eso significa sólo hacer un trabajo de medio tiempo
- No tiene que renunciar a su trabajo diario hasta que se haya demostrado a sí mismo que puede ganar dinero con su idea de negocio.
- O incluso mantener un salario a tiempo parcial mientras tanto
- Probablemente pueda sobrevivir con un salario más bajo de lo que piensa y por más tiempo de lo que piensa.

- Su negocio puede ser un fracaso y hacer que usted también parezca un fracaso.
- Llevará a cabo estudios de mercado y tomará todas las precauciones necesarias para garantizar el éxito de su plan.
- Obtendrá asesoramiento de terceras partes bien informadas
- A quién le importa lo que piensen los demás
- La alternativa - nunca tratar de hacer nada de ti mismo o perseguir tus pasiones - es mucho peor.

Bien, y con eso fuera del camino, ahora podemos empezar a hacer progresos en las diversas áreas de tu vida que quieres mejorar.

Metas de acondicionamiento físico

Hemos visto los conceptos básicos de cómo lograr sus metas generales, ahora es el momento de lograr metas específicas. Para este capítulo, vamos a analizar el acondicionamiento físico y cómo va a aplicar los principios que hemos discutido para ponerse en forma.

Así que lo primero que necesitas saber es por qué quieres mejorar tu estado físico y cómo quieres que se vea y se sienta realmente. ¿Tu objetivo es ponerte en forma para que puedas volver a practicar deportes? ¿Quieres lucir genial para tu propia satisfacción? ¿Quieres ser poderoso para sentirte más intimidante físicamente? ¿Quieres estar más saludable? ¿O tal vez atraer a miembros del sexo opuesto?

¿Y cuál es su situación actual? ¿Qué has

intentado en el pasado? ¿Por qué no ha funcionado? ¿Cuál es su forma y tamaño actual? ¿Cuáles son sus fortalezas físicas y sus mejores atributos? ¿Qué te gusta hacer? ¿Cuánto tiempo tienes?

Todo esto es muy importante porque va a cambiar drásticamente la manera en que ustedes logran sus objetivos.

Por ejemplo, si usted es un hombre y su objetivo es ser más intimidante físicamente, entonces puede decidir que lo más sensato es que se haga a granel. Esto significa añadir la mayor masa posible en el menor tiempo posible, para convertirse en un tanque. Implica comer una tonelada de calorías e incluso más proteínas, descansar mucho y levantar pesas pesadas.

Por otro lado, si quieres tonificarte e inclinarte para atraer a las mujeres, entonces vas a querer comer menos y hacer más ejercicio aeróbico como caminar, correr, saltar, etc.

Usted también necesita pensar en el ejercicio que le gusta hacer, el ejercicio que es práctico para trabajar en su rutina, cualquier limitación física como enfermedades o problemas en las articulaciones, etc.

> ***Cómo establecer y atenerse a objetivos realistas***

Una de las consideraciones más importantes a la hora de idear un programa de entrenamiento, es hacer que encaje en su rutina. Piensa cuándo tienes tiempo libre, cómo están tus niveles de energía en diferentes momentos del día y qué puedes hacer para capitalizar los momentos de tu rutina que son libres para entrenar, etc.

> ***Adaptándolo a la realidad***

Una de las mejores maneras de perder peso, por ejemplo, es caminar más. Caminar es ideal porque quema un buen número de calorías sin agotarlo o hacer que sude. Esto significa que usted puede adaptarlo convenientemente a su rutina y hacerlo regularmente sin que se convierta en algo irrealizable.

Y la mayoría de nosotros podemos fácilmente incluir más caminatas en nuestra rutina. Por ejemplo, usted puede encontrar que puede usar su descanso para almorzar en el trabajo para hacer una caminata larga. Si tiene 60 minutos para almorzar, puede comer durante 10 minutos y pasar los otros 50 caminando (es mejor caminar al final de los 60 minutos). Una caminata de 50 minutos cada día debería ser suficiente para alcanzar su meta de 10,000 pasos, que es alrededor de 5 millas y debería llevar a un adicional de 3,000 calorías (aproximadamente) quemadas cada semana. Esa es la cantidad de calorías que normalmente quemas en un día. Y lo que es más importante, mejorará significativamente su estado físico, le dará más luz solar y aire fresco, etc.

Así que olvídate de tratar de hacer

ejercicios HIIT intensos 5 veces a la semana que te dejen exhausto.... ¡sólo vete a dar un agradable paseo que se ajuste convenientemente a tu rutina!

De la misma manera, usted puede entrar a pie bajándose temprano del autobús, caminando a casa desde el trabajo, etc.

Lo mismo ocurre con la dieta. Siempre aconsejo a los clientes que sigan una dieta rígida sólo por la mañana y durante el almuerzo. Por qué? Porque la mayoría de nosotros queremos hacer de nuestras noches un momento para disfrutar de una comida divertida con nuestras parejas. O queremos salir con amigos y disfrutar del pudín. Por el contrario, el desayuno y el almuerzo tienden a ser más funcionales: se comen solos y con prisa. Esto significa que usted puede reducir sus calorías o carbohidratos mucho más fácilmente en este momento durante el día y luego "cortar perder" en la noche.

Piense en maneras de hacer esto más conveniente para usted también. Si usted pasa por una tienda que vende batidos de proteínas en botellas cada mañana, entonces tal vez cambie su café de la mañana por un batido de proteínas de la mañana. Esto es ideal si encuentras que la idea de mezclar tu batido de proteínas y ponerlo por todo el suelo potencialmente te está desanimando de comerlo realmente!

Otro ejemplo podría ser hacer ejercicio desde casa si tiene dificultades para llegar a un gimnasio, o para empezar a nadar si resulta que hay una piscina al lado de su oficina.

> ### *Disfrútalo*

Su ejercicio debe ser algo que disfrute. Si usted ha intentado y fallado en construir músculo magro con pesas, entonces claramente usted no está hecho para ello. Aparentemente no es atractivo para lo que disfrutas.

Pero todos nosotros debemos descubrir que hay alguna forma de ejercicio que disfrutamos. Tal vez deberías conseguirte un par de barras paralelas (que son muy baratas) y hacer gimnasia o balanceo de manos en casa.

O en su lugar, ¿qué tal si se dedica a la escalada en roca? La escalada en roca es fantástica para construir músculos grandes y poderosos, especialmente en los antebrazos y en la parte posterior. Tal vez descubras que te encanta el boxeo: conseguirte una bolsa pesada es una forma estupenda y divertida de construir hombros grandes en particular. O tal vez usted podría ser cortado para el levantamiento de la energía?

Cualquiera que sea el caso, busque una forma de capacitación. Esto es lo que todas las personas más poderosas con los físicos más increíbles tienen en común. No sólo les encanta ser grandes, les encanta ser grandes. Comen, duermen y sueñan con el gimnasio y les encanta todo, desde la sensación de la tiza en sus manos, hasta pasar el rato con otras personas enloquecidas.

Hay que descubrir esa pasión no sólo por el destino final, sino por el viaje para llegar allí.

> **Juega con tus puntos fuertes**

Algunas personas son ectomorfas naturalmente, otras son endomorfas. Esto determina si usted es un tipo grande y voluminoso o un "ganador duro".

Cuando sea posible, trate de alinear sus metas con sus fortalezas naturales (¿recuerda el paso 2?). Así que, por ejemplo, si eres un endomorfo, entonces puedes concentrarte en convertirte en un masivo y poderoso Hulk. Si usted es un ectomorfo, ¿por qué no se decanta por la apariencia magra que mucha gente adora?

No hay nada de malo en perseguir el sueño más difícil, por supuesto, pero si eres flexible, apunta al que ya estás dotado. De esa manera, los resultados vendrán más rápido y usted lo encontrará más intrínsecamente gratificante, más rápidamente.

Otro consejo es encontrar modelos a seguir que sean similares a los suyos. Busque personas que comenzaron en su situación, personas que tienen tipos de cuerpo similares a los suyos, pero que han hecho lo mejor de ellos. Ésas son las personas a las que hay que escuchar cuando se trata de consejos de formación porque han trabajado con (probablemente) un punto de partida genético similar y un conjunto similar de circunstancias en la vida para empezar.

> ***Tómalo con calma***

Recuerde lo que dijimos en los capítulos anteriores: una buena meta para el acondicionamiento físico debe implicar hacer ejercicio durante 15 minutos, tal vez incluso 10 minutos. No se te ocurran estrategias insensatas que impliquen entrenar dos veces al día, o te darás cuenta de que ganas músculo rápidamente y lo pierdes rápidamente. Esté dispuesto a ver pequeñas mejoras con el tiempo para no quemarse.

Sin embargo, a la inversa, no te lo tomes con tanta calma como para no ver resultados. El objetivo aquí es utilizar el MED - o "Dosis Mínima Efectiva". Esto significa que estás dedicando el tiempo justo para ver el progreso real, para que puedas empezar a evaluar y juzgar tu estrategia y para que puedas mejorarla con el tiempo. No hagas más, no hagas menos.

Al hacer todo esto, usted debería haber creado un programa de entrenamiento que sea efectivo para usted específicamente y para su estilo de vida y genética.

Si usted ha intentado y fallado en tomar levantamiento de pesas varias veces en el pasado, entonces tal vez es hora de que usted tome un enfoque diferente nadando tres veces a la semana después del trabajo. O consiguiendo una bolsa pesada y golpeándola durante 40 minutos varias veces a la semana. Tal vez sólo haces 15 minutos de ejercicio antes de ir a la cama.

Cualquiera que sea el caso, comience a hacer algo de inmediato y luego experimente para encontrar lo que funciona para usted.

Logrando tus objetivos profesionales

Demasiadas personas tienen ideas equivocadas cuando se trata del enfoque de sus carreras. A menudo creemos que trabajar increíblemente duro en trabajos que realmente no disfrutamos es "responsable" y lo que los adultos deberían hacer. A menudo sentimos que no tenemos otra opción cuando se trata de lo que hacemos para ganarnos la vida. A menudo nos da miedo intentar cualquier otra cosa.

Y es por eso que muchos de nosotros somos infelices en nuestras carreras: simplemente "dejamos que sucedan" y aceptamos la trayectoria profesional en la que caemos. Dejamos la escuela o la universidad, tomamos la primera oportunidad de trabajo que sale a la luz, y luego trabajamos duro para progresar en la escalera. Nunca nos tomamos un momento para preguntarnos: ¿es esto lo que quiero? ¿Tengo elección?

Aquí hay algunas maneras de aplicar los principios que hemos discutido para progresar en su carrera....

> ### *Saber lo que quiere*

Lo primero y más importante en lo que debe concentrarse aquí es en el paso 3: elaborar su plan. Es hora de reconocer que no tienes que seguir trabajando en un trabajo que no te gusta y que no hay razón para que tengas que concentrarte en tu carrera.

El primer mito que necesitamos disipar entonces, es la noción de que usted necesita obtener su sentido de satisfacción y progreso de su carrera en absoluto. Es decir, que usted debe ser capaz de obtener la misma satisfacción de un pasatiempo. A menudo sentimos que nuestro sentido de autoestima y logro está ligado a nuestras carreras y que necesitamos trabajar más y más duro para sentirnos como si estuviéramos progresando en la vida. Pero si bien es posible que sea el director ejecutivo de una empresa de logística, en última instancia sigue siendo el encargado de asegurarse de que la gente reciba grapadoras, cuando su pasión podría ser la pintura de obras de arte.

Esta es la razón por la que a menudo se puede hacer mejor para cambiar simplemente su enfoque a sus "actividades extra curriculares". Mi hermana hizo esto como artista cuando se dio cuenta de que la realidad de su campo (crear accesorios para películas) no era tan idealista como ella esperaba. Así que en vez de eso, aceptó un trabajo que pagaría las cuentas trabajando como vendedora y luego usó su tiempo libre para trabajar en sus creaciones en su propio tiempo.

Ha recibido muchos seguidores en los

medios sociales y ha vendido varias de sus obras a compradores privados. Así que aunque su carrera no es algo que le entusiasma particularmente, todavía tiene esa sensación de progreso y emoción y no necesita seguir asumiendo más responsabilidades para sentirse feliz y satisfecha.

Y eso también nos lleva al otro punto: su riqueza no está totalmente determinada por su carrera tampoco. Usted puede aumentar fácilmente sus ingresos a través de otros medios, ya sea alquilando su habitación o cortando el pelo de los vecinos.

Esta es una vez más la razón por la que es importante considerar la naturaleza precisa de sus metas - si su meta es ser más rico, entonces usted puede hacerlo reduciendo los gastos, encontrando otras fuentes de ingresos, etc. Si su meta es obtener más estatus, entonces usted puede estar contento de progresar en su carrera actual. Si desea que se cumpla en sus esfuerzos artísticos, o que se le reconozcan sus ideas, entonces puede que prefiera concentrarse en trabajar en proyectos fuera de la oficina.

Esencialmente, esto es a lo que nos referimos como "diseño de estilo de vida". El diseño de estilo de vida significa que usted se está enfocando en lo que puede hacer para crear su estilo de vida perfecto y que está buscando el camino de menor resistencia para llegar allí. Esto podría no significar trabajar más - podría significar trabajar menos e incluso asumir un trabajo "servil", de modo que usted pueda poner más energía en otras áreas de su vida.

Heck, podría significar la creación de ingresos de otros lugares para que pueda permitirse el lujo de trabajar 4 días a la semana. Por qué no!

> ***Creando una estrategia***

Hemos abordado el poder que el miedo puede tener sobre nosotros y la forma en que puede impedirnos alcanzar nuestras metas. Esto es especialmente cierto cuando se trata de lograr cosas en nuestras carreras. Y por esa razón, tiene sentido que echemos un vistazo a algunas de las cosas que podemos hacer para que nuestros objetivos profesionales sean menos arriesgados.

Por ejemplo, muchas personas declaran que quieren buscar otro trabajo pero que no pueden porque tienen demasiadas responsabilidades. Incluso podrían hacer la afirmación infundada de que no podrían encontrar otro que pagara el mismo salario... ¡sin mirar!

Pero no hay razón para que esto deba ser visto como una empresa arriesgada y no hay razón para que usted tenga miedo de buscar trabajo: la respuesta simple es simplemente buscar otros trabajos mientras está trabajando en su trabajo actual. Pase un par de noches buscando otros trabajos y solicitando trabajo, y sólo deje su trabajo actual cuando tenga uno nuevo: riesgo cero.

Lo mismo ocurre con la creación de un negocio a tiempo parcial. Usted no tiene que hacer una transición inmediata de un trabajo a otro cuando simplemente puede usar su tiempo libre por las tardes o los fines de semana para trabajar en su nueva idea de negocio. Sólo una vez que esté seguro de que funciona, debe considerar dejar su trabajo actual para asumir el nuevo y esto le presentará otra forma libre de riesgos de transición a un trabajo o una carrera que le guste.

Usted puede incluso tratar de reducir sus horas de trabajo y luego usar ese tiempo libre extra para trabajar en su negocio. Tome un trabajo a tiempo parcial y durante sus horas libres más largas, trabaje en su proyecto de negocio.

Lo mismo ocurre con la inversión. Si usted necesita inversión para crear una idea de negocio, entonces hay muchas maneras libres de riesgo para obtenerla.

El uso de Kickstarter en estos días es una gran opción por ejemplo e implica un riesgo cero, así como una gran manera de probar la recepción de su idea.

De la misma manera, puedes pedirles a tus padres que inviertan, puedes conseguir un amigo de negocios, o puedes pedir un préstamo con tarjeta de crédito. Siempre y cuando no renuncie a su trabajo actual, puede asegurarse de que los términos de pago del préstamo son algo que podría pagar si tuviera que hacerlo y de esa manera, no correrá ningún riesgo.

Si realmente quieres que esto suceda, entonces siempre puedes encontrar una manera.

Y si has evaluado tu visión y sólo quieres ser un músico de rock, entonces no te distraigas tratando de hacerte rico. Enfóquese para empezar a hacer lo que le gusta y encontrar más tiempo para ello. Dejemos que el éxito venga como un subproducto.

Tan pronto como empieces a trabajar en tu proyecto, te darás cuenta de que es gratificante y que ahora tienes un impulso y una pasión que te despierta por la mañana y te hace más animado, más apasionado y más emocionante estar cerca de los demás, incluso. Ni siquiera importa si tienes éxito. Y es por eso que usted también debe ver el "fracaso" simplemente como una oportunidad para reevaluar su estrategia e intentar otra cosa. Cuando usted toma este enfoque, realmente no hay manera de que usted pueda fallar.

> ### *El camino de la menor resistencia*

Recuerde, ir genuinamente detrás de algo que usted quiere significa tomar la ruta más directa y práctica para llegar allí: el camino de la menor resistencia. En este caso, eso significa crear una idea de negocio que usted pueda lograr de manera realista, o diseñar una alrededor de sus contactos e ideas actuales.

Un error común que mucha gente comete es proponer ideas que piensan que cambiarán el mundo. Si esa es su visión, entonces no tiene por qué ser una empresa lucrativa para empezar.

Pero si su visión (paso 1) era hacerse rico, tal vez para ganar independencia financiera, entonces la manera más efectiva de lograr esa meta es enfocarse en métodos probados y comprobados para ganar dinero.

Es decir, no es necesario romper el molde y crear nuevos modelos de negocio. No necesitas convertirte en el próximo Mark Zuckerberg. Porque hay miles de millones de estos grandes proyectos que fracasan cada año.

Mientras tanto, sólo hay que contar el número de tiendas, tendederos, revendedores, constructoras, peluquerías. No hay nada de malo en tomar una idea que has visto funcionar y luego simplemente seguirla al pie de la letra. Ahora tienes un plan para el éxito y no tienes que reinventar la rueda.

Del mismo modo, piense en sus recursos y contactos. Si por casualidad conoces al editor de una revista de jardinería, entonces ese es un contacto increíblemente poderoso y deberías aprovecharlo al máximo - ¡empieza un servicio de jardinería y úsalo para hacer publicidad!

Usted debe también jugar a sus fuerzas y si usted sabe mucho sobre la jardinería, entonces una vez más, ésta es una buena opción para su carrera. Muy a menudo, diversificarse (sin juego de palabras) para comenzar su propio negocio tendrá más sentido si se queda en su industria actual: de esta manera tendrá la experiencia, la experiencia y los contactos para tener una gran ventaja.

Recuerde el paso 2: evaluar su situación

actual y sus recursos. Haga una lista de todo lo que tiene a su disposición, todas sus habilidades, todas sus limitaciones y luego piense en los cambios en el negocio y en el estilo de vida que le ayudarán a lograr lo siguiente

> ***El Modelo Rápido***

¿Recuerdas cuando discutimos cómo el miedo podía frenar a algunas personas y una de las formas en que esto se presentaba era cuando alguien trabajaba en el perfeccionamiento de su producto sin lanzar nada? No sólo se trata de una táctica de retraso flagrante, sino que también significa que si finalmente lanza su producto, corre el riesgo de sufrir una derrota devastadora si no sale según lo planeado. Esto le pasó a un amigo mío que tuvo una idea para un negocio y luego pasó los siguientes 3 años perfeccionándolo. Él registró el nombre de la empresa, contrató a un asesor legal, ¡incluso pagó por una costosa fiesta de lanzamiento! Todo por lo que en esencia era un sitio web. Probó el sitio en todos los navegadores y tamaños de pantalla meticulosamente, llevó a cabo copiosos estudios de mercado y pagó por toneladas de espacio en el servidor y ancho de banda listo para hacer frente a las inevitables grandes cantidades de tráfico. Pero sus costos iniciales y continuos eran tan altos que se declaró en bancarrota casi inmediatamente.

El enfoque opuesto es el "modelo rápido de fallos". Si tiene una idea para un negocio, entonces debe crear un MVP o "producto mínimamente viable". Esta es la versión más básica, asequible y fácil de su producto o servicio que puede lanzar al mercado inmediatamente. De esta manera, ahora puede probar la respuesta del mercado sin haber invertido mucho de su tiempo y dinero en ello. Tiras muchas ideas a la pared, rápidamente armando algo que funciona. Si la idea tiene éxito, puede invertir tiempo y dinero en ella. Si no lo es, usted itera, aprenda de sus errores y siga adelante!

Tus relaciones

Las relaciones son algo que a menudo no pensamos como "metas", pero son precisamente de la misma manera que cualquier otra. ¿Quizás eres soltero y quieres tener una relación? ¿Quizás estás en una relación y quieres mejorarla? ¿Quizás sólo quieres más éxito con el sexo opuesto? Todos estos son objetivos que merecen la pena y todos ellos pueden ser objeto de la misma estrategia que hemos analizado anteriormente.

> ### *Haciendo balance*

Aquí, sin embargo, quizás el aspecto más importante a considerar es el paso 2: la evaluación. Realmente necesitas tomarte el tiempo para evaluar el estado actual de tus relaciones y de ti mismo y luego trabajar para seguir adelante y mejorar esas áreas de tu vida.

Esto comienza mirando honestamente a

su relación actual. Muchas personas permanecerán en relaciones infelices porque no pueden admitir que las cosas no son perfectas; quizás porque tienen un hijo o una casa juntos, quizás porque aman a su pareja.

Pero tenga en cuenta que mejorar sus relaciones no necesariamente tiene que significar terminar su relación. Puedes trabajar en una relación igual que puedes trabajar en un auto o en un negocio. Usted puede mejorar la forma en que funciona la relación, mejorar su felicidad en su papel y, en general, ver un cambio positivo con el tiempo. ¿Serías más feliz si tuvieras más sexo? ¿Está teniendo suficiente tiempo para pasar con su pareja adecuadamente? ¿Discuten más de lo que les gustaría? A veces, sólo se trata de hacer algunos cambios sencillos que pueden ayudarle a mejorar en esas áreas y su relación será mejor para ello. No vivas en la negación.

Del mismo modo, si actualmente no

estás teniendo éxito al acercarte a la gente, o si eres soltero y no quieres serlo, entonces tal vez necesites abordar ciertos aspectos de tu juego para cambiar la forma en que te encuentras. Esta es una habilidad que se puede aprender como cualquier otra y a menudo se reduce a parecer seguro de sí mismo y presentarse bien. Si puedes hacer eso - sin parecer arrogante - entonces tendrás mucha más suerte acercándote a la gente.

A menudo las personas que nunca tienen éxito en las citas se están representando a sí mismas de la manera equivocada. Tal vez eres demasiado tímido para acercarte a las mujeres/hombres y esto significa que nunca puedes elegir con quién sales. Tal vez es una cuestión de confianza y sientes que no puedes acercarte a ellos sin ser rechazado.

O quizás te acercas pero te encuentras con algo sórdido, incómodo, o generalmente poco atractivo.

> ### *Tu plan de citas*

El objetivo es parecer seguro, exitoso y simpático. Esto envía una poderosa y fuerte señal a la que los demás responden como un significado de que es probable que usted sea una gran "presa". En otras palabras, si usted se está proyectando como muy seguro de sí mismo, entonces los demás asumirán que tiene una buena razón para estarlo. Esto habla de nuestro imperativo evolutivo: perseguir a las personas que tienen un estatus superior al nuestro, a las personas que proporcionarán buen material genético para nuestra descendencia, o a las personas que tienen recursos.

Y aquí es donde podemos emplear el paso 3: crear un plan "a prueba de tontos" y "no convencional" para lograrlo. Por ejemplo:

Ve a un bar con unos amigos, charla con ellos y toma unas copas. Trate de aparecer como un grupo divertido con el que pasar el tiempo.

Mientras estás ahí explorando la habitación. Busque mujeres/hombres que estén a su alcance. En otras palabras, busque personas que no estén muy lejos de su alcance. Pero no tenga miedo de golpear por encima de su peso.

Si ves a alguien que te gusta, sonríele. Si están interesados, les devolverán la sonrisa.

Esto le ayuda inmediatamente a eliminar cualquier riesgo de ser rechazado. Si no están interesados, no mirarán hacia atrás y usted simplemente desviará su atención a otra parte. Si la persona a la que ves es realmente entusiasta, ¡puede que incluso tome la iniciativa y se dirija a ella!

Si no, te acercas a ellos. Ahora es crucial que no te concentres en la persona que te gusta, sino que te presentes ante el grupo y dejes que tus dos grupos se mezclen. Esta es tu oportunidad de demostrar que eres divertido, extrovertido, simpático y seguro de ti mismo. Usted está mostrando un comportamiento alfa masculino/femenino y se está convirtiendo en el centro de atención. Lo que es más, es que estás demostrando que eres popular (ya que tienes un grupo de amigos) y que te llevas bien con sus amigos. Y lo que también estás haciendo es mostrar que puede que no te interesen en absoluto, lo que te hace mucho más deseable.

Si las cosas van bien, entonces usted puede ofrecer una bebida a la persona que le interesa. Esto envía una señal clara sin decir mucho y si vienen con usted, esa es su oportunidad de tenerlos a solas. Si dijeron que sí a la bebida, entonces usted puede pedirles que bailen - otra vez sin perder la cara si dicen que no.

Este plan depende de un par de factores más, todos los cuales están bajo su control. Necesitas un grupo de amigos que te ayuden, por ejemplo, y necesitas la confianza para acercarte al grupo y convertirte en el centro de atención. Esto requiere práctica y esa puede ser su meta a corto plazo - practicar esta técnica hasta que se convierta en algo natural y realmente se sienta seguro y encantador con los miembros del sexo opuesto.

> ***Saber lo que quiere***

Sin embargo, una vez más, es importante tener en cuenta el paso 1: saber exactamente qué es lo que quieres. Es fundamental que se acerque al tipo de socio adecuado y que envíe la señal adecuada. Es un conjunto muy diferente de herramientas y enfoque que necesitas si quieres acercarte a la gente por una noche, en lugar de acercarte a la gente con la que quieres tener una relación a largo plazo. Lo primero significa ir a los bares y buscar a la gente que envía ciertas señales. Esto último puede significar acercarse a un amigo, o buscar a alguien que tenga mucho en común con usted y que también esté dispuesto a establecerse. Si quieres jugar en el campo, entonces puedes considerar el uso de sitios como Tinder.

Conclusión: Tus metas de viaje

¿Qué hay de los objetivos de viaje? ¿Y si tu objetivo es ver el mundo? Una vez más, aplicamos nuestros pasos, lo que significa que analizamos el tipo de viaje que queremos realizar y luego buscamos la manera de hacerlo factible teniendo en cuenta nuestras circunstancias específicas.

Así que volvemos a empezar con la visualización: imagínese el tipo de viaje que quiere hacer, sepa qué es lo que quiere obtener de su viaje y piense en las diferentes maneras en que puede lograr esos objetivos más amplios.

Entonces mira tus circunstancias. ¿Qué es lo que te detiene? ¿Limitaciones presupuestarias? ¿Responsabilidades familiares? ¿Miedo?

Luego haga su plan basado en esta información y divídalo en pequeños pasos.

Una vez más, esto podría significar pensar fuera de la caja y tomar el camino "no obvio" hacia el éxito. No necesariamente tienes que tomar el camino obvio tomando un año sabático y viajando a varios lugares lejanos del mundo.

> ***Estrategias de viaje alternativas***

¿Quizás usted no tiene el tiempo o el presupuesto para eso y obtendría lo mismo de viajar más localmente? Hay algunas cosas increíbles que ver y hacer en Estados Unidos si estás en Estados Unidos, o si estás en Europa, entonces tienes a toda la UE en tu puerta. Esto puede presentar la misma cantidad de aventura y variedad e incluso si no es exactamente lo que pensabas al principio, todavía va a rascar esa comezón y esa necesidad de exploración y descubrimiento.

¿O qué tal si vamos por un tiempo más corto? Usted puede tener una experiencia que le cambiará la vida en sólo 3 o incluso 2 meses. Y es mucho más probable que se tome un año sabático tan largo y que pueda ahorrar dinero. Incluso puede cambiar completamente su estrategia y tratar de hacer muchos viajes pequeños durante todo el año. Esto también podría ser algo más fácil de convencer a la pareja, en lugar de viajar por polillas a la vez.

Desde el punto de vista económico, puede sorprenderse de lo poco que necesita viajar si va en temporada baja, si se aloja en los sofás de la gente o si utiliza Air BnB. Eso significa que usted puede ganar un poco de dinero en línea para financiar sus viajes.

¿O qué tal si le preguntas a tu trabajo actual si puedes ser enviado al extranjero? Si la empresa tiene sucursales en todo el mundo, esto puede ser muy viable. De la misma manera, puede haber un rol que involucre viajes - o usted podría simplemente solicitar un trabajo que involucre viajes. De esta manera, usted viaja mientras gana dinero y tiene una buena explicación para su otra mitad.

Y no hay razón por la que tampoco puedas llevar a tu pareja contigo, por supuesto.

Hay muchos más tipos de metas que usted puede elegir y donde usted puede elegir utilizar esta fórmula. Por ejemplo, usted podría tener metas que se relacionan con sus finanzas solamente, tal vez con su propiedad, tal vez con su vida social... tal vez su meta sea puramente aprender un pasatiempo en particular, o mejorar la manera en que se viste.

El objetivo de este sistema es que se puede aplicar en cualquier lugar y, cuando lo haga, le ayudará a comprender realmente lo que quiere y a hacer que esos objetivos sean concretos y tangibles. Esto les quita de ser sueños que terminas posponiendo para siempre y los convierte en una serie de pasos que puedes usar para hacer que eso suceda. A veces esto puede significar reevaluar sus metas para hacerlas un poco más alcanzables, pero si usted es inteligente al respecto, no serán menos gratificantes. Tal vez no puedas ser el próximo Brad Pitt o Angelina Jolie, pero no hay razón para que no puedas empezar a interpretar papeles secundarios en las películas si piensas en cómo estructurar tu vida en torno a las audiciones.

Se trata de saber lo que se quiere y luego evaluar la manera más rápida de acercarse lo más posible a ese ideal. Y tan pronto como empiezas a intentarlo, la vida se vuelve mucho más gratificante y asombrosa. Es hora de dejar de soñar y empezar a hacer...

Es hora de hacer que suceda!

Sólo recuerde que todo no sucederá de la noche a la mañana y que tomará tiempo antes de que usted vea un cambio en su vida para mejor.

Ahora sí, te deseo lo mejor en tus

resultados, y recuerda, todo es práctica; no te sirve de nada la teoría sin acción. Lleva a la vida real todo lo que aprendes.

Ahora quiero decirte que tengo un regalo para ti... Quiero compartir contigo un "kit de planificación de metas" que en verdad me ha ayudado mucho en mi crecimiento personal y profesional, este kit es de mi amiga "Angie Ramos".

(puedes escanear este código)

Un fuerte abrazo, tu amigo, Jorge!

Por cierto, cuando logres conseguir tus resultados poco a poco, te recomiendo mucho, si deseas aprender a como mejorar tu productividad, mi libro, sobre "PRODUCTIVIDAD PERSONAL CONSCIENTE EN UNA SEMANA", es un libro que estoy seguro de que te ayudara mucho en tu camino del "crecimiento personal y profesional". Sin más dilación, puedes encontrarlo en el buscador de Amazon, como: "Productividad personal consciente en una semana" ó buscando mi nombre, como: "Jorge O. Chiesa"... Una vez más te deseo éxito en tus resultados!

Made in the USA
Columbia, SC
01 May 2025

57422719R00046